Lb 1691.

LETTRES

ET

RÉFLEXIONS

SUR

LA CAPTIVITÉ

DE S. A. R. MADAME.

Se vend un franc,
Au profit de l'Hospice de Marie-Thérèse.

LETTRE

AU PRÉSIDENT DU CONSEIL,

SUR

LA NÉCESSITÉ ABSOLUE

D'OUVRIR

LA PRISON DE BLAYE,

ET

RÉFLEXIONS

SUR

LE RAPPORT

DE MM. ORFILA ET AUVITY.

Clermont-Ferrand,

IMPRIMERIE DE THIBAUD-LANDRIOT.

—

1833.

AVERTISSEMENT.

Trahit sua quemque voluptas.

L'IMPOSSIBILITÉ d'obtenir l'insertion dans les journaux, de quelques lignes sur les dangers que court la santé de Madame la duchesse de Berry dans la citadelle de Blaye, m'a donné la hardiesse de les faire imprimer à mes frais, et d'en destiner le produit à l'infirmerie de Marie-Thérèse, où, *quelque petit qu'il soit* (1), il sera reçu avec bienveillance...... C'est avec bonheur que je profite de ce moyen pour me faire lire, et pardonner l'ambition de joindre mes faibles observations à celles de tous ceux qui, comme moi, brûlent d'admiration, d'amour et de dévouement pour l'héroïque mère d'Henri V.

-----

(1) Voir la *Gazette d'Auvergne*, du 12 février.

. . . .
. . . .
. . . .
. . . .
. . . .

L'événement advenu , et surtout advenu malheureux , je n'ai plus
que de l'admiration pour le magnanime abandonnement d'une mère
aux intérêts d'un fils.

(*Châteaubriand.*)

Quel homme , MADAME , s'il n'a une âme de boue ou un cœur
de rocher , pourrait contempler sans émotion le courage sublime
qui , pour l'accomplissement de vos hautes destinées , vous élève
au-dessus de toutes les craintes , vous fait triompher de toutes les
douleurs , vous inspire une confiance surnaturelle , vous communique une force supérieure à votre sexe , à votre âge , à vos mal-
heurs ! *Vous vivrez , MADAME , pour un fils sur lequel repose l'avenir de la France , et nos enfans devront à une autre Blanche le
règne d'un nouveau Louis IX.*

(*Journal des Débats,* d'octobre 1820.)

O consolante prophétie ! ! ! ! !

Principiis obsta. . . . . Ov.

Fugit irreparabile tempus. V.

Ces épigraphes résument parfaitement les pressans motifs qui m'ont dicté les lettres suivantes :

A M. le Rédacteur en chef de la Gazette d'Auvergne.

Monsieur,

Le 16 janvier dernier, je me suis permis d'écrire en toute hâte et sous l'influence de la plus vive émotion, la lettre ci-jointe. (Je venais de lire celle du docteur Guibert, dont les délicats et touchans conseils ont, sans doute, déterminé l'envoi des deux célèbres médecins.) Vous jugerez peut-être à propos, Monsieur, de lui donner de la publicité, en pensant que, puisque le ministère persiste dans l'injuste et barbare résolution de ne pas se dessaisir de Madame la duchesse de Berry, il est du devoir de tous les Français, et ils sont nombreux, qui donneraient leurs fortunes et leurs vies pour sauver les jours si précieux de l'incomparable mère, de pousser le gouvernement au pied du mur, en lui indiquant, comme j'ai osé le faire au président du conseil, les moyens de mettre son incommensurable responsabilité à couvert, et de pouvoir, suivant son bon plaisir, et malgré toutes les lois, replonger Marie-Caroline dans les fers, lorsque sa santé et la saison le permettraient.

J'ai l'honneur, etc.

ALPHONSE ARNAULD.

A M. le Président du Conseil des Ministres.

MONSIEUR LE MINISTRE,

LA lettre de M. Guibert vient de répandre la terreur (1). Plaise à Dieu qu'elle n'ait été dictée que par un excès d'inquiétude et de dévouement!!! Ah! daignez, Monsieur le Maréchal, donner aux sages observations de ce savant médecin toute l'attention qu'elles méritent..... Hâtez-vous de prendre l'avis des docteurs les plus opposés en politique à MADAME.... Songez qu'aujourd'hui vous appartient; qu'il ne sera peut-être plus temps demain..... Puissiez-vous, Monsieur le Ministre, en croire celui qui ne peut se pardonner de n'avoir pas eu le courage, malgré ses faibles connaissances en

_____

(1) L'énergique sommation de M. Hennequin et les adhésions qu'elle a reçues l'ont assez prouvé depuis.

médecine, d'éloigner la plus tendre épouse, seulement pendant un fatal mois d'hiver, d'une mère retenue près d'un fils mourant, et cependant c'était dans une des villes du centre de la France où la température est la plus égale.......

Au nom de votre grande renommée militaire, je vous conjure, Monsieur le Duc, de ne pas faire dire à l'histoire, après les terribles paroles de M. de Conny, « le maréchal Soult n'a voulu cesser d'être le geôlier de MADAME, que lorsqu'il a été prouvé que la grande princesse avait contracté le germe d'une maladie contre laquelle toutes les ressources de l'art sont impuissantes. » Le crime serait peut-être moins infâme, si..... Ah! j'en frémis d'horreur!!!! Il y aurait au moins l'atroce courage de la plus épouvantable responsablilité......
....

Exilez donc, Monsieur le Maréchal, exilez, malgré elle, de sa chère France, notre Marie-Caroline; et si l'aveugle et cruelle sévérité dont on a usé jusqu'à ce jour envers la mère d'Henri V, faisait trouver le ciel de Naples trop consolant pour l'auguste sœur du roi des Deux-Siciles, exigez qu'elle aille, jusqu'à la belle saison, je crains de dire à Nice, les hommes forts de juillet la trouveraient trop près, mais en Andalousie.

Pour garantie du retour de S. A. R., prenez des otages ; vous en trouverez , depuis le plus petit jusqu'au plus haut personnage, des centaines de mille qui vous offriront encore l'avantage de s'enfermer à leurs frais ; et pour sûreté de son séjour dans le lieu que vous aurez fixé , ordonnez que MADAME soit accompagnée par un certain nombre de propriétaires, qui ne pourront obtenir cette insigne faveur, qu'à la condition expresse qu'en cas de la moindre infraction aux prescriptions ministérielles , leurs biens seront confisqués au profit de l'état.

Si, comme on doit l'espérer, Monsieur le Maréchal, vous consentez à prendre un parti qu'exigent impérieusement l'honneur et l'humanité ; et si, adoptant celui que j'ose proposer, vous êtes assez généreux pour m'accorder la grâce d'être désigné , moi obscur plébéien , soit comme otage , soit comme garde de l'illustre exilée , je serai toute ma vie, avec une reconnaissance sans bornes ,

Monsieur le Maréchal,

Votre très-humble et très-
obéissant serviteur ,

ALPHONSE ARNAULD.

Artonne, près Aigueperse , 16 janvier 1833.

Pour faire parvenir plus sûrement cette dernière lettre au président du conseil, je pris la liberté de l'adresser à M. le directeur du journal auquel je suis abonné. J'ignore si ma prière, peut-être indiscrète, mais en tout cas sacrée, a été exaucée, car je n'ai même pas reçu de réponse à la lettre ci-après (1).

A M. le Directeur de la Quotidienne.

Monsieur,

Que, malgré ma suppliante recommandation de leur faire toutes les corrections et suppressions convenables, vous n'ayez voulu donner à aucune de mes lettres la moindre publicité, ni même en faire la plus légère mention, je le conçois..... ; mais que vous n'ayez pas daigné m'honorer d'une ligne de réponse, je ne le conçois pas.

Néanmoins, Monsieur, quoique votre silence m'ait assez fait sentir combien j'ai eu tort de vous importuner, et d'oser compter sur votre bienveillante entremise pour faire parvenir, de la manière la plus sûre, au président du conseil, ma lettre du 16 janvier, je ne peux

---

(1) Vu la nécessité, on me pardonnera de la citer.

*

supposer que vous refuserez de me faire savoir si elle est arrivée à sa destination.

J'ai l'honneur, etc.

ALPHONSE ARNAULD.

Après ce nouvel échec, quel parti devais-je prendre ? sans contredit celui de me taire.....
.... Hé bien ! je l'ai tenté. Mais, sans cesse poursuivi par l'effrayante idée que la France se réveillera trop tard, et entraîné par le soi-disant rapport de MM. Orfila et Auvity, que j'aurai la témérité de commenter, je n'ai pu résister plus long-temps...... Comment, d'ailleurs, être maître de soi, quand on sait que *l'air vif et pénétrant de la citadelle est venu irriter la poitrine de* MADAME, *et exciter des accès de toux qui nécessiteront des remèdes plus suivis, des précautions plus multipliées.* Mon cœur en bondit d'anxiété ! ! ! Je ne peux que crier de toutes les forces d'une voix convaincue, mais hélas ! aussi faible qu'impuissante. La première précaution à prendre est d'envoyer Marie-Caroline dans les pays chauds, où se trouve le seul remède sûr pour elle.... A-t-on donc déjà oublié les appréhensions de M. Lœnce, les avertissemens, les prières du docteur Guibert ?...... Voilà bien les Français ! Ils s'emportent pour de sales calomnies, qui sont autant au-dessous de la sublime veuve que la

Divinité est au-dessus des blasphèmes de l'impie, et ils s'étourdissent presque sur sa santé.... Que dis-je? voyant qu'ils ne peuvent obtenir que MADAME soit rendue à la liberté sans conditions et sans entraves, ils vont peut-être jusqu'à désirer qu'elle reste à Blaye, rassurés et éblouis qu'ils sont par l'incroyable courage avec lequel elle a supporté toute espèce de fatigues, de privations et de dangers.... Quelle fatale illusion!!! Ah! c'est bien parce que la magnanime Duchesse a couché sur la terre humide, s'est reposée dans les marais et les étangs, que non-seulement le séjour de la citadelle, mais son air chéri, l'air de la France, ne lui convient pas en ce moment.

Comment se peut-il donc que deux hommes dont la réputation de savoir et de probité est européenne, n'aient pas fait un rapport plus digne de leur honorable profession, sur l'état positif de Madame la duchesse de Berry ; car celui au bas duquel il faut lire leurs noms, pour le croire d'eux, n'est qu'un assemblage de phrases insignifiantes ou contradictoires, comme il en faut au juste-milieu.

En effet, après nous avoir annoncé où est située la citadelle de Blaye, ce que nous n'aurions jamais su sans eux, et en avoir fait une description fort remarquable, les savans médecins nous apprennent que Blaye est moins

au nord que Paris ; que l'air qu'on y respire
est pur mais assez vif ; que l'atmosphère est
calme et sans nuages, mais que cependant il y
règne fréquemment des vents et des brouillards ;
qu'en conséquence, ils ont conseillé à S. A. R.
de ne presque jamais se promener. Quoique
la salubrité de la forteresse soit *incontestable*
(demandez plutôt à M. Dufour, ex-sergent de
grenadiers au 55°, ou à l'officier-général qui a
si énergiquement réfuté M. d'Argout), ils
avouent que les personnes d'une *faible consti-*
tution, celles qui sont souffrantes, celles qui sont
disposées à contracter des inflammations surtout
de poitrine, ne sauraient y prendre trop de pré-
cautions, et ils concluent *que dans l'état de cap-*
tivité où est MADAME, *aucun autre lieu suscep-*
tible de pareille destination, ne pourrait lui offrir
des conditions plus salubres....; c'est-à-dire, attendu que le gouvernement n'a pas de prison
propre à la recevoir, plus saine, il faut qu'elle
y reste, quand même....... Je parierais que,
dans sa tendre sollicitude pour Marie-Caroline,
il consentirait à ce qu'elle fût transférée des
rives de la Gironde aux bords du lac Agnano,
vu sa délicieuse situation, si, par exemple, la
grotte du chien se trouvait tout à coup trans-
formée en une prison *susceptible de pareille des-*
tination, et qu'il pût, bien entendu, en dis-
poser en toute sûreté.....

Revenons au fameux rapport. Après avoir laissé entrevoir que, si MADAME était libre, ils lui ordonneraient de fuir Blaye, mais que, puisqu'elle est captive, elle ne peut mieux faire que d'y rester, pourquoi ces messieurs ne nous ont-ils pas donné la consolante assurance que S. A. R. ne tousse pas; qu'elle n'est jamais oppressée; que les vomissemens de sang qu'elle a éprouvés n'ont pas été, comme quelques personnes ont peut-être pu le craindre, des attaques d'émoptisie; enfin, que sa poitrine est loin d'être menacée de devenir le siége de quelque grave affection???

Qu'ils répondent, la main sur la conscience: Si l'un d'eux avait une fille dans l'état de MADAME, lui conseillerait-il de ne pas quitter Blaye, même en admettant qu'à la place de la citadelle, elle eût la plus riante maison, qu'elle y fût comblée des tendres soins, des aimables attentions de ses parens, de ses amis, et surtout qu'elle y reçût, à chaque instant, les ravissantes caresses d'adorables enfans???

Quoi! parce que la garnison ne s'est pas trouvée tout alitée, pendant le peu d'instans qu'ils ont passés à la forteresse, *l'air y est parfait?*..... Ainsi, nous devons nous tenir pour avertis, quoi qu'il arrive à l'Ange de la France, le séjour de Blaye n'y sera pour rien.....'. On pourrait se contenter de répondre, en citant les garnisons précédentes, que c'est un miracle..... Mais, outre que l'hiver a été extrêmement doux, tout le monde sait que les mois les plus froids ne sont pas les plus pernicieux; qu'il se déclare plus de maladies à l'approche des équinoxes; que mars est plus dangereux que janvier et février, principalement pour les personnes dont la poitrine est faible, attendu que c'est peut-être le temps où on est le plus impressionnable, et où les variations de l'atmosphèresont les plus fréquentes et les plus promptes. Et certes, plus est grand le cœur qui bat dans la délicate poitrine de MADAME, plus les émotions qu'il reçoit et lui communique sont vives et fortes, plus elle court de chances funestes à Blaye, où, d'après le rapport même, les transitions du sec à l'humide, du froid au chaud sont si subites.

Il est vrai que ces messieurs ont eu l'attention de recommander à MADAME de ne pas se laisser surprendre, dans ses promenades, par le brouillard ou par un coup de vent..... Semblables aux anciens oracles, ils pourront dire un jour, suivant le besoin : Aussi, pourquoi S. A. R. a-t-elle quitté sa chambre? pourquoi a-t-elle eu l'imprudence d'en faire ouvrir les croisées? Au fait, elle ne risquait que d'y mourir d'ennui ou d'asphyxie...... Ce serait vraiment réaliser le supplice de Tantale, qu'exi-

ger de l'auguste captive de renoncer à la seule
jouissance qui lui reste, celle de respirer un
air un peu moins esclave que celui de son ap-
partement.

Mais admettons que MM. Orfila et Auvity
aient raison contre tous ceux qui parlent, par
expérience, de l'insalubrité de la citadelle de
Blaye; supposons même, quoiqu'ils se soient
bien gardés de le faire connaître, que le dia-
gnostique qu'ils portent sur MADAME soit tout
à fait rassurant; n'est-il pas à redouter qu'ils
n'aient pas eu le temps de l'examiner assez, de
bien juger son état? Certainement, s'il s'agis-
sait d'une princesse ordinaire, je serais le premier à dire qu'on doit avoir une, confiance
aveugle dans leur infaillibilité; mais quand il
est question de la femme, la plus grande gloire
du siècle, l'admiration du monde, il serait
pardonnable de trembler pour elle, lors même
qu'ils répondraient de ses jours.....

Ah! nul doute que j'espère bien me trom-
per (je le désire au moins de toute mon âme);
mais, et c'est le plus beau principe du jury,
s'il vaut mieux absoudre cent coupables que
condamner un innocent, à plus forte raison,
quand même il y aurait à parier cent contre
un, que MADAME n'a rien à redouter à Blaye,
il vaudrait mieux l'en tirer, à quelque prix
que ce fût, que l'y laisser, n'y eût-il qu'un
seul contre cent mille à craindre.

Français qui, par imprévoyance, calcul, ou peur d'alarmer l'objet de toutes nos affections, gardez le silence, hâtez-vous de demander à corps et à cris au moins un changement de climat pour la mère d'Henri V..... Songez que nous ne risquons, le Dieu de S. Louis le veuille, que de pécher par excès de précautions, tandis que ceux qui parlent ou agissent différemment, courent la chance épouvantable de toutes les malédictions de la France.

Quant à moi, je ne cesserai de crier honte et exécration éternelles à tous ceux, quels qu'ils soient, qui s'opposeront plus long-temps à la liberté ou à l'exil de Madame la duchesse de Berry !

LETTRE

SUR

UN PROJET DE SOUSCRIPTION (1).

(1) Quelque pressurés qu'ils soient, les légitimistes devraient doubler leurs impôts pour S. A. R. MADAME.

Gare *la Tribune*, qui, dans un article récent, propose le plan d'une vaste association républicaine, avoue ses projets contre la monarchie de juillet, et ne conçoit pas *que le gouvernement puisse souffrir les tentatives de plus en plus menaçantes du carlisme.*

Que de tolérance et d'impartialité ! ! !

Si nous sommes en république, *la Tribune* a raison ; mais je ne m'en doutais pas. Dans le cas contraire, il faut convenir que les républicains ont au moins autant de tort envers la royauté des barricades que les légitimistes ; mais quelque énorme poutre qu'on ait dans l'œil, on voit la plus petite paille dans celui de son prochain.

Hé bien! je serai plus conséquent et juste que *la Tribune*, en disant : Si je n'étais légitimiste, je voudrais être républicain, mais républicain comme les Carrel.

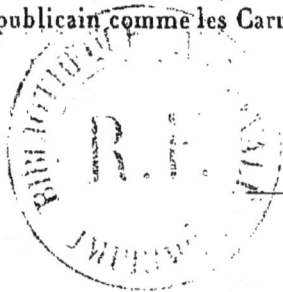

Ne leur (1) demandez pas de faire quelque chose pour le triomphe de leurs principes , pour l'intérêt de leur parti , pour le soulagement de leurs frères.....

(*Gazette d'Auvergne*, du 10 janvier 1833.)

***

(1) Les peureux.

A M. le Directeur de la Quotidienne.

MONSIEUR,

LE 10 décembre 1832, j'adressai la lettre ci-jointe à M. le rédacteur en chef de la *Gazette d'Auvergne ;* mais quoique M. Turge lui eût donné son assentiment, mon projet n'a pas été, à mon grand regret, mis à exécution.

Fier d'avoir eu presque la même idée (1) que MM. les élèves des écoles, et de partager les sentimens qu'ils ont si bien exprimés à l'auguste captive et à son digne défenseur, je viens vous supplier, Monsieur, de faire insérer mes deux lettres dans la courageuse *Quotidienne,* et si j'étais assez heureux pour obtenir cette faveur et votre approbation, de vouloir bien, en donnant l'impulsion aux gazettes des provinces, procurer *aux courtisans du malheur* un moyen infaillible de faire parvenir leurs modestes offrandes, sinon aux pieds de MADAME, du moins à la destination qu'il conviendrait à S. A. R. de leur assigner.

Tous, n'en doutons pas, Monsieur, s'empresseraient d'offrir le denier de la veuve,

_____

(1) Près d'un mois avant.

quand ils seraient sûrs qu'il doit être déposé entre les nobles mains de celui qui a et mérite si bienla confiance de MA DAME et de la France; et M. de Châteaubriand (son impérissable dévouement en répond) daignerait exaucer nos vœux, et pardonner à un de ses innombrables et fidèles admirateurs d'avoir osé faire cette démarche, sans avoir pris ses ordres.

Agréez, etc.

ALPHONSE ARNAULD.

Artonne, 10 décembre 1832.

A M. le Rédacteur en chef de la Gazette d'Auvergne.

MONSIEUR,

LA courte mais bien flatteuse réponse que vous avez reçue de M. de Châteaubriand, prouve que notre grand écrivain donne tout son temps à quelque nouveau chef-d'œuvre, dans l'intérêt de l'illustre prisonnière, et par conséquent de la France..... ; comptons sur sa plume immortelle..... Mais, que la France, de son côté, s'efforce de prouver qu'elle est digne d'un si éloquent interprète, en s'occupant sans relâche d'adoucir, par tous les moyens en son pouvoir, l'inconcevable captivité de S. A. R. !

Déjà les cris de la douleur et de l'indignation publiques ont dû soulager un peu cette grande âme, inaccessible à la crainte, mais tourmentée de l'idée que ses patriotiques intentions ont pu être calomniées.

Pour procurer à celle qui est Française avant tout, une consolation dont elle a encore plus besoin, depuis qu'on menace de lui enlever ses dignes compagnons d'infortune (1), pensons qu'une des peines de l'héroïque princesse dans les fers, est de ne pouvoir plus répandre ni faire répandre de bienfaits ; et rappelons-nous que, dans l'impossibilité de distribuer elle-même des secours aux cholériques, l'auguste veuve avait chargé Châteaubriand de ce glorieux soin. Le choix que fit alors la généreuse Caroline nous indique assez celui que nous devons faire pour tâcher de la remplacer.

C'est dans ce but, Monsieur, que je viens vous proposer d'ouvrir une souscription, dont le montant serait remis à Châteaubriand, pour en faire, lui qui comprend si bien l'incomparable mère, ce qu'il plairait à sa royale cliente.

Veuillez recevoir, etc.

ALPHONSE ARNAULD.

---

(1) Poursuivit-on les estimables Bertrand, Montholon, etc., pour le retour de l'Ile d'Elbe ? Et l'on ose mettre en jugement M. de Mesnard, le modèle de la fidélité et du dévouement, et les illustres passagers du Carlo-Alberto !

Ne nommons députés que des sujets fidèles , ennemis de l'usurpation et amans de la légitimité. (*Dupin*, 1815.)

Dynastie légitime , intérêts français.... Avec cette devise inscrite sur le drapeau de France, vous n'aurez à craindre ni les usurpateurs dont la sinistre image vous poursuit ; ni les séditieux , car vous leur aurez ôté tout prétexte ; ni les étrangers, car ils vous sauront unis.

(*Dupin aîné*, 1829.)

Nous saurons, de tout notre pouvoir, assurer le triomphe de l'autorité légitime. Malheur à ceux qui la méconnaîtront ! ! !

(*Idem* , *Chambre des députés* , 1828.)

Du côté du roi légitime est la liberté , la sûreté , la paix; du côté de l'usurpateur est la servitude, l'anarchie et la guerre.

(*Benjamin Constant*, 1815.)

Si le droit manque au pouvoir , la société est dissoute.

(*Guizot.*)

La légitimité seule donne des droits à la confiance des peuples. Elle est impérissable comme elle est sainte. Tout ce qni tendrait à en écarter ne peut produire qu'infamie et déshonneur.

(*Duc de Cazes* , 1827.)

La légitimité est un principe sacré , un dogme fondamental , avec lequel il n'est pas permis de transiger.

(*Journal des Débats*, 1821.)

L'usurpation ne s'appuie que sur des individus qui ne font que paraître et disparaître. La légitimité s'appuie sur la famille qui est immortelle... Les royalistes n'ont jamais perdu courage, parce qu'ils savent que leur cause ne peut périr qu'avec la société elle-même ; qu'ils n'ont besoin que d'un jour pour reconquérir tout le terrain livré par la sottise ou la trahison ; et que tôt ou tard , ce jour luira pour la France. (*Idem.*)

Comment n'aurait-on pas été dupe ? ?

POST-FACE.

J'ÉPROUVE le besoin de donner ici quelques explications aux jeunes hommes qui, comme moi, se disaient royalistes constitutionnels, c'est-à-dire, partisans sincères de la Charte de 1814, parce que nous supposions qu'elle était le plus ferme appui de la légitimité, *et vice versa.*

Si, jugeant comme ceux qui s'éloignent du rivage, et supposent que c'est le rivage qui fuit, ils allaient conclure de ce petit écrit, que j'ai changé; c'est possible, leur dirais-je, et au lieu de m'en défendre je m'en applaudis; car, loin de moi la fausse, la coupable honte qui retient l'homme dans le cercle vicieux !!! Mais, je ne le crois pas, attendu que si, sous le ministère de glorieuse et funeste mémoire, je proposai, dans une nombreuse réunion, et aux acclamations de ceux dont j'apprécie l'estime, le toast suivant :

» A notre grand génie littéraire ! à notre premier homme d'état ! à celui qui comprend le mieux la nouvelle France et le gouvernement représentatif ! A l'immortel Châteaubriand !! »

Je le porterais encore aujourd'hui avec la même conviction, le même enthousiasme.....

J'étais et je suis donc toujours Châteaubrianiste. Oui, depuis l'ère du gouvernement représentatif, ce grand homme a été, est et sera à jamais ma boussole.

Ah! si tous ceux qui l'admirent le suivaient, le France sauvée serait bientôt la plus unie, et par conséquent, la plus heureuse et la plus forte puissance de l'univers.

Espérons!!!

C'est lui qui des ingrats entrave la malice,
Hâte, par ses écrits, l'instant de leur supplice;
Aux infâmes trafics il oppose sa foi,
Tout son beau dévouement, sa sublime énergie;
Et c'est à son talent que la France confie,
Avec son avenir, la mère ....
Un triomphe est certain; son foudroyant génie
Broyera les fauteurs des maux de la patrie.
Rien ne doit résister à son brûlant scalpel.
Il vous a tous marqués du sceau d'ignominie,
Abominables gens!... Sa plume rajeunie,
N'en déplaise au pygmée (1), est l'instrument du ciel;
Dans tout ce qu'elle trace on revoit l'immortel.
(2)

_____

(1) Un seul pygmée contre l'hercule légitimiste.

Risum teneatis amici.

(2) Les insensés ou criminels tuteurs de la liberté de la presse diront-ils encore qu'ils l'aiment, qu'ils la respectent, quand ils ont l'impudeur de poursuivre son plus éloquent défenseur. C'est bien le cas de s'écrier, avec M. de Puyraveau : Quelle déception!!!

Quoique la *Gazette d'Auvergne* n'ait pas cru devoir publier un si mauvais acrostiche, en réponse à une critique, non pas de l'henri-quinquisme, mais *du style de M. de Château-briand*, je n'ai pas l'amour-propre de le taire, parce que j'ai l'ambition de faire connaître mes sentimens et mon opinion, et non la prétention de savoir faire ni vers ni prose.

ALPHONSE ARNAULD.

FIN.

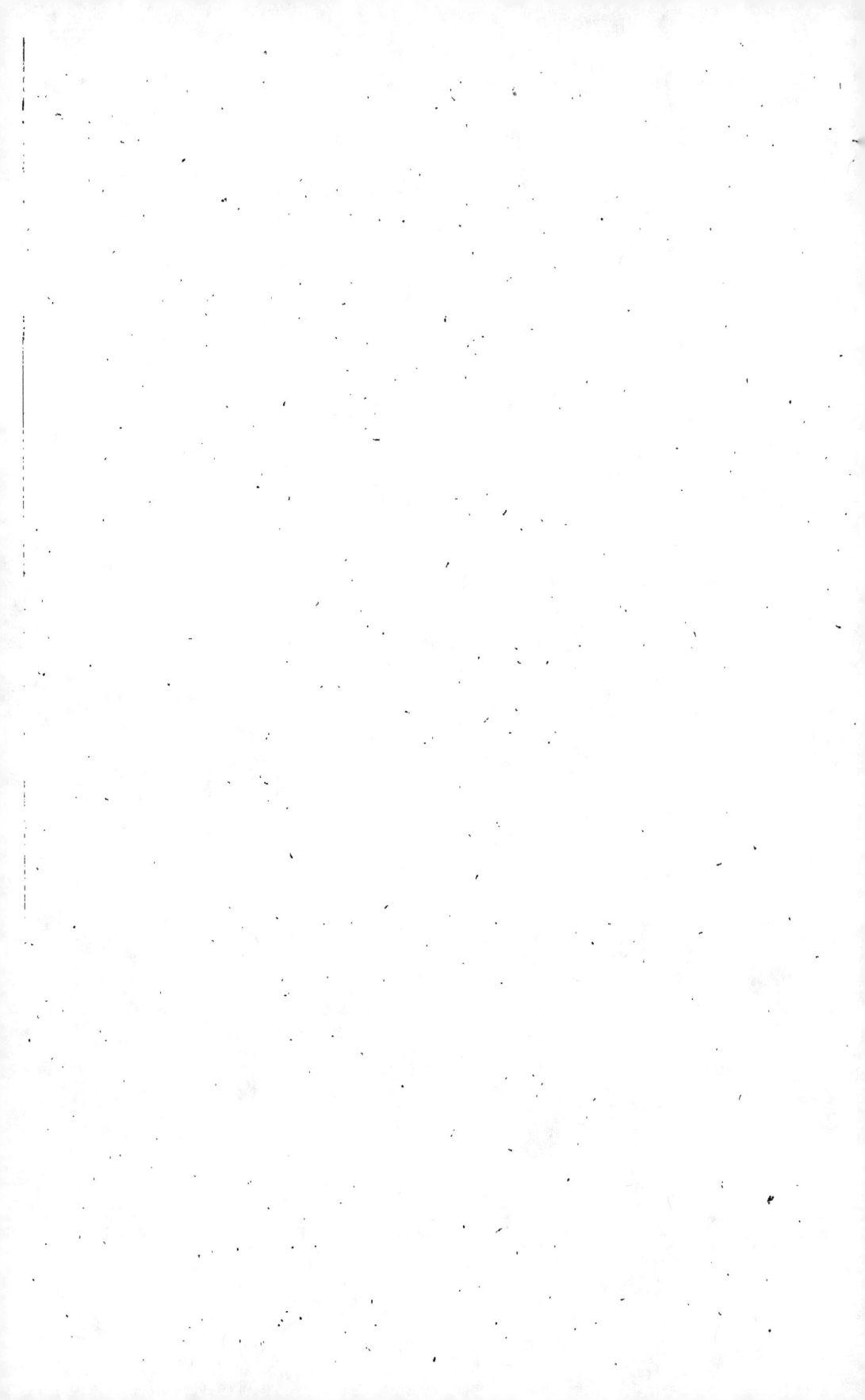

www.ingramcontent.com/pod-product-compliance
Lightning Source LLC
Chambersburg PA
CBHW060819280326
41934CB00010B/2746